www.ingramcontent.com/pod-product-compliance
Lightning Source LLC
Chambersburg PA
CBHW041235060526
44107CB00136BA/740
9798218496135

Copyright Page
Title: *Iran Khanoom*
Author: Parisima Anvaripour
Publisher: Parisima Anvaripour
Copyright © 2024 Parisima Anvaripour
All rights reserved. No part of this publication may be reproduced, distributed, or transmitted in any form or by any means, including photocopying, recording, or other electronic or mechanical methods, without the prior written permission of the publisher, except in the case of brief quotations embodied in critical reviews and certain other noncommercial uses permitted by copyright law.
ISBN: 979-8-218-49613-5
Published by:
Parisima Anvaripour
Orange County, CA
Cover Design: Negin Fallah
Printed in the USA
First Edition
Disclaimer: The views and opinions expressed in this book are those of the author and do not necessarily reflect the official policy or position of any other agency, organization, employer, or company.

To my son, with endless gratitude…

Your unwavering support and love have been a guiding light through this journey.

This book is as much yours as it is mine.

I love you very much.

به نام خداوند جان و خرد

با سپاس فراوان

از استاد مهدی فلاّح

برای خطاطی زیبای جلد

و

نگین فلاح

برای طراحی جلد کتاب

دل نوشته های من

از دوران کودکی علاقه سرشاری به شعر و ادبیات و موسیقی داشتم. کتاب داستان می خواندم و در مجلات بدنبال اشعار و قطعات ادبی می گشتم و در خلوت خودم با شنیدن صدای خوانندگان در رادیو، با صدای بلند می خواندم.

اولین شعر را در شانزده سالگی در سوگِ نابهنگام پدرم سرودم :

ای پدر، ای روشنی بخشِ جهان ...
ای نمایندهٔ ماهِ تابان
ای که دادی تار و پودم را جَلا...
ای که بخشیدی وجودم را صَفا
رفتی و غافل شدی از حال من...
بی خبر ماندی تو از احوال من
بی تو و مهر تو زین پس ...چون کنم؟
دیده از اندوهِ تو ... جیحون کنم

در واقع شعر پدر، اولین و آخرین شعر من برای سالیان طولانی بود. پس از آن به نوشتن قطعات ادبی و داستان روی آوردم. سالها بعد، با فاجعهٔ از دست دادنِ مادر، بارِ دیگر حسِّ سرودن شعر در ذهنم بیدار شد.

در آن روزگارِ تلخ تر از زهر، اکثرِ شبها مادر را در خواب می دیدم !
اما شبی در خوابی متفاوت، مادر با من مکالمه ای طولانی و پر از مِهر داشت.

او محبّت و عشقش را در غالب واژگانی مُعَطر به جانم می ریخت و من بیقراری خودم از دوریش را با او در میان می گذاشتم.
گفتگویی جانانه که روحِ سوگوارم را جَلا بخشید !

دیشب دوباره آمدی بخوابم
شکستی عهدمو توی خیالم
عشق و صداقت و محبتت باز
آفتاب شد و دمید به روزگارم
دستای تو به دورِ پیکرم بود
حرفِ نگات تمامِ باورم بود
مرغایِ عشق از تهِ دل میخوندن
اسمِ عزیزت حرفِ آخرم بود
سایهٔ تو نشسته بر سرم بود !

***

از آن پس، بار دیگر به سرودن شعر پرداختم. دوست داشتم نگفتنی ها را در غالب شعر بیان کنم.

زیرا به گفتهٔ بزرگان:

شعر... حقیقتی یکتا ست...

شعر... بیان ندِای روح است که سخن از آن سویِ آرزو می گوید

شعر... موسیقیِ تراویده از روح است

شعر... مجموعه ای ست از تعاریف زندگی، زندگی ای که در افق ها رنگ

می بازد تا شدت بیشتری برای بیان شدن بیابد

شعر... نشستن بهترین کلام است در بهترین مقام

شعر... کوششی است دیوانه وار برای آنچه که تعریف ندارد!

پری سیما

گِل آدم بسرشتند و به پیمانه زدند

آری می شود، وقتی چنین تار و پودِ دلِ مهربان با خاکِ وطن یکی است، آن وقت است که هوشِ چنین دلِ آگاهی، مستی می آفریند

و شوقِ زندگانی.

پری سیما... اینگونه از «ایران» می سراید. ضربانِ دل و نوای نبضش، قصهٔ عشقِ «شیرین» می گوید.

نمی شود با این شاعر آشنا بود و از خود دور

سخنش، تصویرِ دل است و نوایِ همدلی.

آوایِ سروده‌هایِ «پری سیما» را چون نوایِ نی یافتم که از خاستگاهِ آدمی می خواند و هنرمندانه تو را به یارِ گم گشته‌ات وطن می رساند.

آری، به راستی «ایران» مادر است... «ایران» زن است

و... سرچشمهٔ رودِ بیداری

و چه دلنشین که آهنگِ او را دلِ عاشق و مهربانی می سراید

سایهٔ سعیدی سیرجانی

فصل اول

سرزمینم

تقدیم... به:

آسمانِ نیلگون، خورشید درخشان، دَشتهایِ سرسبز،
کوه ها و جنگل ها

و...

ذرّه ذرّه خاکِ مُقدّسِ وطنم
آنجا که
اُمیدم و عشقم و هویّتم
از اوست
آنجا که
دلاوران و عاشقان در خاکش آرمیده اند

و...

به... مادرم و پدرم
که سَهمِ من از آنها... اَندک بود

و...

به... همسرم
که برای حفظ و حَراست از سرزمینم... حماسه آفرید

ایران خانوم باز اومدم
تا بوسه بَر پات بزنم
گُلاب بپاشم رو تنِت ،
گُل رویِ موهات بزنم

ایران خانوم

ایران خانوم باز اومدم
تا بوسه بَر پات بزنم
گُلاب بپاشم روتَنت،
گُل رویِ موهات بزنم
ایران خانوم باز اومدم
تا عَهدمو تازه کنم
حکایتِ عاشقیمو
با تو پُر آوازه کنم

باز بِشینم کُنج ِ دِلت
تا که بَرام قِصّه بِگی
قِصّه از این روزایِ سخت
از دِلِ پُر غُصّه بِگی
گفتم....
بذار نِگات کنم
دِلتنگِتَم خیلی زیاد
بِگم به غیر از تو دِلم
هیچکس و هیچ چیز نمی خواد

***

گفتی....
که توی زندونی
پاهات به زَنجیرِ غَمه
از رَنج و آزردگیات.
هر چی بگی بازم... کَمه

گفتم....

که رَنگِت پَریده ، به کَهرُبایی می زنه

گفتی...

به قلبم گوش بده ، دَم از جدایی می زنه

****

به خونه ات خوش آمدی

حَتیٰ همین یک چَند نَفَس

سهم ِ من از تو همینه

یه درد ِ دل ، همینو بس

****

دوباره از اینجا می ری

باز مَنو تنها می ذاری

مِثلِ بقیّه بچه هام

تو هم منو دوست نداری !

گفتم...

زِنگ حادثه

از دامنت جُدا شدم

اون وَرِ دنیا افتادم

مثل یه گوی .. رَها شدم

فِکر و خیالِ من تویی ...

آرزوهایِ من تویی

در زیرِ آوارِ بلا

زورِ پاهایِ من تویی

گفتم...

که عشقِ من به تو

در هَر دَم و هَر باز دَم

در هَر جَهش ، در هَر قَدَم

مُستِطرِه ...

آما بگو... چکار کنم ایران خانوم

که نیمهء دیگهء من

اون طرفا...

منتظره...

****

نشسته بودی روبروم

من مَحوِ در جمالِ تو

ازت جدا نمی شدم

پُر بودم از وصالِ تو

گفتم...

بِذار نِگات کنم

دِلتنگتم خیلی زیاد

بازَم بِگم جُز تو دلم

هیچ کَس و هیچ چیز نمی خواد

گفتم...

که اطرافِ چشات

راستی چقدر چروک شده!

گفتی...

نگاه کن تو چشام

ببین، چه بی فروغ شده

هر خطّ زیرِ چشمِ من

جایِ طناب رو گردنِه...

هزار هزار جوونِ من

بدَستِ این آهریمنِه!...

من... مادرِ فردوسیم

آنکه چه رَنجها بُرد... بَسی

تا زنده کرد نام مرا...

با واژه هایِ... پارسی!

نژادِ من از آریا...

خونِ من ... آریاییه

هر وَجب از این سرزمین

سَر تا به سَر...زیباییه !

دَر چند هزار سالِ پیش

کوروش ...فرزندِ پاکِ من

فرمانِ آزادی میداد !

اینه... نشانِ خاکِ من

حالا به شَلّاق عَرَب

پاره شده پوستِ تنم

خون میچکه از مُژه هام

بجایِ اَشک ، رو دامنم

بیا نگاه کن به تَنَم

ببین....چه جور کَبود شده

از دستِ این بَد تازیان

رویِ مُغول سفید شده !

امّا....دوباره آفتاب

از پُشتِ اَبرا در میاد

صُبحِ رَهایی می رسه ...

شب ِ اسیری سَر میاد !

دوباره آزاد می شَم

بَچه ها مو جَمع می کنم

سایه‌ء نَحس ِ دُشمنو

از رو سَرَم گُم می کنم !

به شادیِ بچّه هام میان...
جَمع میشَن دور و برم
ساز و دُهُل راه میندازن
نُقل می ریزن... رویِ سَرَم

به افتخارِ اون روزا..
صد تا غَزَل سروده ام
دوباره می ایستم رو پام
میشَم همون که بوده ام

تاجِ سَرِ مَشرق زمین!
خاکِ پُر از طَلا و زَر
مَهدِ تمدّنِ جهان
مَرزِ همیشه پُر گُهَر!

شَهد و شَرَنگِ گُفته هات

در تار و پودِ من نِشَست

با این همه غَم تو وجود

اُمیدی در دِلمَ نِشَست

****

سَرَم به روی دامنت

دَست کشیدی رویِ موهام

گفتی...

بُرو.... دیرت میشه

از بُغض می لرزید شونه هام

تو هِقّ و هِقّ گریه هام

در آغوشِ تو گُم شدم...

آشکامو پاک کردم

منم...

یکی از اون مَردُم شدم... !

****

ایران خانوم

باز اومدم...

تا بوسه بر

پات بزنم...

بیایید ای رفقا
براتون قصّه بگم
قصه از یک شهرِ پُر غصه بگم

قصّهء وطن

بیایید ای رفقا
براتون قصّه بگم
قصه از یک شهرِ پُر غصه بگم
شهری که خونِ دِلش ... زَخمِ تَنِش
پیکرش بَسترِ تازیانه هاست
تو دِلِش داغِ دُر و دُردانه هاست
اَمّا... پُر صَلابَته ، با غیرته
سخت و محکم ، مَظهرِ شَهامته
صَبرش از حوصله بیرون
طاقتش بی انتهاست !

بِنشینید رُفَقا ، براتون قِصه بِگم
قِصّه از یک شهرِ پُر غُصّه بِگم

***

بعدِ چند سالی جدایی
با هزار شوق و امید
پَر کشیدم به سویِ مامِ وطن
اما افسوس و دریغ
وطنِ من ، وطنِ ما...
دیگه اون وطن نبود
شهرِ من ، تهرانِ من
غَم زده... زار و پَریش
با تَنی زَخمی و قَلبی ریش ریش
دیگه جایِ من نبود !

آسمون آبی نبود! شبا مهتابی نبود!
خورشیدم...
از ترسِ دِژخیمِ زمان
چادُرِ سیاه به سَر کرده بودش
نه طلوعش خودشو نشون می داد
نه غروب...
معنیِ عاشقانه داشت!
دیگه از اون نوراِی رنگ و وارنگ
که به سَرتا پایِ آدم
می نشست، خوب و قشنگ
دیگه هیچ خَبَر نبود
حتّی خورشیدم دیگه...
منشاء اَثَر... نبود!

هوا آلوده و بد...

غَرقِ در دودِ سیاه

آدما رو بینی شون...

همه یک ماسکِ سفید

هیچکسی... هیچکسی رو نمی شناخت!

اگه حتّی آشنایی می دیدی، شناختنِش

خیلی سَخت بود و بَعید!

***

پاسبان از زیرِ اون ماسکِ سفید.

که حالا از دود و دَم سیاه شده

یک نَفَس... سوت می کشید

با دو دستِ متحرّک رو هوا

مثل اینکه به همه داشت

بَد و بیراه می گفت...

همه غرقِ درگرفتاریِ خود
هیچکی فرمانشو اِجرا نمی کرد
توی اون شهرِ شلوغ
هیچکی از بی قانونی ...
شکّ و پَروا... نمی کرد
توی اون فضایِ مسموم و سیاه
هیچ کجا ... نظمی نبود!

***

اون طرف...
یه گوشه‌ء دیگه از این شهرِ شلوغ
شوفرِ تاکسی ...مُدام داد می کشید
آزادی...
استقلال...

آزادی...

استقلال...

****

یه کسی با اعتراض...

آهسته و با احتیاط

زیرلَب...با حِرص میگه....

آزادی چیه؟ ...استقلال کدومه؟

آخرین باری که آزادی رو دیدم

نمیدونم کِی بوده

اَصلا ...آزادی چیه؟

خوراکیه؟!

پوشاکیه؟!

شوفرِ تاکسی یه آهی می کشه

انگاری داغِ دِلش تازه می شه

گوله اشکی تویِ چشماش می شینه

بعد میگه... آره پدر...

خوب حَدث زدی...

خوراکیه....

خیلی وَقته... بُردَنِش

بالا کشیدن ... خوردَنِش !

دَردِ آزادی داری ! اِنگار که اینجا نبودی

پس کجا بودی تا حالا؟

آما من ... میدونِ آزادی می رَم

اگه میخوای ... بیا بالا

دیگه ام دُنبالش نگرد...

آره ، حَرفِشم نزن

به این زودیا دست نمیده

اَگَرَم بدِه ...

به عُمرِ من و تو ، قَد نمی دِه !

****

آما حالا ... اونطرف ،

بالایِ شهر...

که قرار بود مثلِ اون پایین بشه ! !

یه سِری آدم ... که.....نه !

شاید از ما بهترون..

تو لواسون،

تویِ شمرون..

توی قصرایِ طلایی

با سَوادِ ابتدایی

رویِ قالی های زَربَفت

زیرِ پاشون چاه هایِ نفت

با پولِ مِلّتِ بَدبَخت

چه ضیافت ها که بَرپا میکنن

واسه هم بَرپا و بَرجا میکنن

با خبر... از فقرِ مردُم

بی خیال ...از رَنجِ مردُم

تویِ دل خوشیهاشون گُم

جَنگِ قُدرت می کنن!

بَعد... میونِ خودشون...

با سلام و صلوات

هر دفعه یه شهرو...

قِسمت می کنن!

آره دوستان...

وطن اون وطن نبود!

توکوچه باغایِ تهرون....

عَطرِ یاسمن نبود! ...

آسمون آبی نبود! ....

روزا آفتابی نبود! ...

شبا مهتابی نبود!....

عاشقانه رفتم و....شکسته دِل برگشتم!
وطنو تنها گذاشتم و... خجل برگشتم!

****

ای خدا...

میهنم...

این خاکِ مصیبت زده را

وطنم... خانه ام....

این سَرای ِ ماتَم زده را

بِرَهان از ظُلمِ ظالم

و... رَها از شَرِ هر دشمنِ بَد خواه نما

شاد کن قلبِ من

ایرانِ من... آزاد نما

ایرانِ من... آزاد نما

****

فرزندِ من آسوده باش
تاریخ قضاوت می کند
بر هر چه که از آنِ توست
تاریخ نظارت می کند

خلیج فارس

فرزندِ من آسوده باش
تاریخ قضاوت می کند
بر هر چه که از آنِ توست
تاریخ نظارت می کند
در طّیِ اعصار و قرون
هم دَر دَرون و هم بُرون
همواره پارس بوده ای
خلیج فارس بوده ای

از عَهدِ یونانِ قدیم
در کُتبِ ژرف و عظیم
از رومی و هِند و عَرَب
با حُکم و دستورِ اَدَب

نامِ تو پارس بوده است
***خلیجِ فارس* بوده است**

بَر تارُکِ هَر اَطلسی
نامَت هویدا بوده است
در نَقشهء مُلکِ جهان
اسمِ تو پیدا بوده است

دیدم که غوغا کرده ای
هنگامه بر پا کرده ای
با موجهای بی امان
شکستی سقفِ آسمان
آنگه گَران تا بی گَران...
نامَت شده وِردِ زبان
از هِیبَتِ اندوهِ تو...
چکیده اشکِ عاشقان
فرزندِ من، ای جان وتَن
آرامِشَت بر هم مَزَن
این را بدان بی شَکّ و ظَنّ
بشنو تو از ... مامَ وطن

گر نامِ ماه و ماهتاب

هم آسمان ... هم آفتاب

گر نامِ شب ... گر نامِ روز

دیروز و امروز و هنوز

همواره برجا مانده است...

یکدانه... یکتا... مانده است

نامِ خلیجِ پاکِ من...

دَر بَر گرفته خاکِ من

با تُنبِ کوچک و بزرگ

با قِشم و کیشِ بَس سِتُرگ

تا بوده ، پارس بوده است

خلیجِ فارس بوده است

****

فرزند من آسوده باش
تاریخ قضاوت می کند
بر هر چه که از آنِ توست
تاریخ نظارت می کند

****

مَزَن جلّاد این سان بر تنِ من
مَکُن خونین چنین پیراهنِ من
مَزَن شلّاقِ تَر بَر اُستخوانم
که از جور و جَفایَت نیمه جانم

جلاّد

مَزَن جلاّد این سان بر تنِ من
مکُن خونین چنین پیراهنِ من

مَزَن شلاّقِ تَر بَر اُستخوانم
که از جور و جَفایَت نیمه جانم

نشسته خون درونِ دیدگانت
که می نازی به زورِ بازوانت

بگیری گرتو جانم را ، چه حاصل؟
که اندیشه نشد با مرگ باطل!

گَرَم در قَعرِ گوری جا گذاری
زِ وحشت خواب در چشمت نداری

که نَفسِ ظُلم بَس بی اعتبار است
و کاخِ ظالمان، ناپایدار است

مَزن جلّاد این سان بَر تنِ من
مکن خونین چنین .... پیراهنِ من

به هر مُشتی که کوبی بر سَرِ من
هر قطرهٔ خون از پیکرِ من

که گرداند زمینِ تشنه نمناک
هزاران کاوه می روید از آن خاک

که روزی همدل و همراه و همیار
به مُشتانِ گره کرده به یکبار

خروشان همچو سِیل ... بر تو بتازند
اگر چه در پی آن... جان ببازند!

که گر ایران نباشد... نیستیم ما
گر ایرانی نباشیم... کیستیم ما؟

***

بیا تا برات بگم من
از اون روزایِ طلایی !
از هَمه عمرُی که بگذشت
در فَراق و در جُدایی !

روز های طلایی

بیا تا برات بگم من
از اون روزایِ طلایی !
از هَمه عمُری که بگذشت
در فَراق و در جُدایی !

بیا تا برات بِگَم من
که چی بودیم و چی هستیم
نه که هُشیاریم و هُشیار...
مِی نخورده، مَستِ مستیم

نمیدونی اون قدیما
چه روز و روزگاری بود
هم زمستونا، زمستون...
هم بَهارامون، بَهار بود

تابستون، عینِ دِلامون
گَرم و داغ و آتشین بود
تو خزونِ برگ ریزون
رنگِ برگا ... دِل نشین بود

توی ِخونه ها صَفا بود
تو دِلا مِهر و وفا بود
اونهمه آرامش و عشق
نمی دونم ... از کجا بود!

بویِ نونِ سَنگکِ داغ

می‌پیچید صُبح ... تویِ خونه

عَطرِ دلپذیرِ چایی...

آدمو می‌کرد دیوونه

مامان داد می‌زد بلند شین

دیر می‌شه باز مثلِ هر روز

بعد با حِرص می‌گفت...

بخوابین ، مدرسه تعطیلِ امروز

آه......صدای قشنگِ مادر

هنوزم تویِ گوشامه

صورتِ قشنگ و نازِش...

تابلویی جلویِ چشامه....

زندگیهامون چه ساده

سَرخوش و آزاد بودیم

جیبامون از سِکه خالی

بی توَقع شاد بودیم !

نه حِسادتی... نه جَنگی

سینه ها پُر از صَفا بود

قلبامون از عاطِفه پُر

دِلا از کینه ...جُدا بود

شَرطِ آینده‌ء بهتر

زَحمت و هِمَت ما بود

خُدعه و نیرنگ و تَزویر...

دشمنِ فرهنگِ ما بود

حالا از اون روزایِ خوب
اِنگاری صد سال گذشته !

دستِ سرنوشت عذابو
رو پیشونیمون نوشته

ناگهان زِلزله اومد !
سقفِ خونه ها خَراب شد

آرزوهای من و ما…
لِه شد و نقشِ بر آب شد !

آمدش آنچه نباید…
بَر سَرِ ما بی گناها

دردِ ما رو ما می دونیم…
نه شما و نه شما ها !

صدا مثلِ بُمب می‌پیچه...
تو فضایِ خونه هامون

از شما آدم می سازیم...
با فِشنگ و نیزه هامون!

بَسّه هرچی شادی کردین
حالا وقتِ غم رسیده

بَسّه هرچی دلخوشی بود...
نوبتِ ماتَم رسیده!

همه جا صدایِ گریه...
همه جا شیون و فریاد
یکی در سوگِ عزیزش...
یکی در حِصارِ بیداد!

****

میگه ... ما مَردِ خُداییم
هرچی ما می‌گیم هَمونه!
حُکم از اون بالا رسیده
مُخالف ... کارِش تمومه!

حالا کارِ ما تموم شد
افتادیم این وَرِ دنیا

دلخوشی‌ها رو گذاشتیم ...
واسِه قصّه ... تو کتابا!

آره ... کارِ ما تموم شد
نه غرور، نه آبرویی ...
نه اُمیدی به رَهایی
نه مَجالِ گفتگویی!

****

زانویِ غَم تو بغل ها
ماتِ شطرنجِ زمونه

شاهدِ این همه بیداد
تو خرابه های خونه....

یه صدایِ دلپذیری
بَد جوری به دل می شینه !
خودِشه... همونکه دِق کرد ! ...

هایده ست که داره می خونه
هایده ست که داره می خونه !

روزای روشن ... خداحافظ

سرزمینِ من ... خداحافظ

خداحافظ ....

خداحافظ ...!

دردِ دلِ دخترانِ وطن
با پدرِ ایران زمین
زن-زندگی-آزادی

رفتی و رنگین کمان از خانه رفت
چلچراغِ روشنِ کاشانه رفت

پدرم

رفتی و رنگین گمان از خانه رفت
چلچراغِ روشنِ کاشانه رفت

بی تو ظُلمت... حُکمرانی می کند
بَر دِل و جانم... گِرانی می کند

آسمان دیگر نه رنگِ آبی است
شب نه دیگر روشن و مهتابی است

این شتابِ رفتن از بَهرِ چه بود؟
ترکِ من بهرِ ملاقاتِ که بود؟

ای پدر بَرگَرد و غَمهایم ببین
خلوتِ تنهایِ تنهایم ببین

آه از بَس که مُدارا کرده ام
دردِ جانسوزم رو حاشا کرده ام

ای پدر بَس که صبوری کرده ام
وَز نشاط و عیش دوری کرده ام

خَسته ام ... ای تکیه گاهِ من ببین
پُشتِ من خالیست پَرتگاهم ببین

حال باید تکیه گاهِ خود شوم
هَم که پُشت و هم پنَاهِ خود شوم

گفته بودی تا قَوی باشم پدر
از بدان دور و بَری باشم پد

خانه ام مَنزلگهِ خوبان شود
جایگاهِ نیکی و نیکان شود

فَرقِ نیک از بد که کارِ من نبود
در توان و اِختیارِ من نبود

من جوان بودم... نفهمیدم چه شد
تا که فهمیدم... جَهانم تیره شد!

گُرگ آمد در لباسِ میش شد
آنکه پَس بود آمد و در پیش شد

آنکه از عشق و محبّت می سُرود
با محبّت ، با وفا ، بیگانه بود

جایِ دِل در سینهء او سَنگ بود
با خِرَد بیگانه و در جَنگ بود

باورم شد قول ها و وَعده ها...
وَعده هایی که نشد هرگز اَدا...

خام بودم من نفهمیدم چه شد
بَد چرا آمد؟ سَرِ خوبی چه شد؟

مُنکِرِ جان جوانِ خود شدم
هَمدمِ دردِ نهانِ خود شدم

کُشتم اَندر جانِ شِیدایَم هَوَس
تا نگردد چیره بر من مِیلِ کَس!

زَخمِ جانسوزِ نَدانم کاریا
بَر دِلَم ماند و نشد هرگز دَوا

چون تو رفتی شادمانی رَخت بست
غُصّه آمد همچو شه، بر تَخت نِشَست

گفته بودی پُر تَوان باشم پدر
تا که از بَد در اَمان باشم پدر

تَن به زور و دِل به ناکَس نَسپُرم
حرفِ ناحَق از کَس و کَس نشنوم

گر تو بودی حرفِ زورِ کس نبود
حرفِ مُفت از هر کَس و ناکَس نبود

می شنیدم حرفِ زور از هر کَسی
مُشتِ تو بود بر دهانِ او بَسی

هم لَبانش را بِهَم می دوختی
هم که جانَش در شَرَر می سوختی

ای پدر ای کاش بودی در بَرَم
سایه ات تاجی مرُصَّع بر سَرَم

گر که می ماندی پدر در پیشِ من
هم نشینی، هَمدمی، چون خویشِ من

قُدرت و زور و تَوانم می شدی
رونقِ عُمرِ گرانم می شدی

من کُجا در چَنگِ رِندان می شدم
چون اَسیری بَندِ زِندان می شدم

ای پدر بَرگرد و غَمهایم ببین
خلوتِ تنهایِ تنهایم ببین

بَر تَنَم زخمِ هزاران ضَربَت است
در دلَم داغِ هزاران حَسرت است

نقشِ من را ایزدِ یکتا کشید
مو و رو و قدِ رعنا آفرید

جُرمِ من موهایِ زیبایِ مَنَست
جَذبهٔ چشمانِ شهلایِ مَنَست

قامَتَم، چون خار در چشمانشان
مُرده هم وجدان و هم ایمانشان

عَقلشان، بازیچهٔ دستِ هَوَس
این چنین قومی ندیده هیچ کس

در نَبَردی نا برابر مانده ام
از جوانی و طَرَب وا مانده ام

لیک... با اَندَرزِ تو سَر می کنم
پَندِ تو چون جامه در بَر می کنم

گفته بودی پُر توان باشم پدر
تا که از بَد در اَمان باشم پدر

عشقِ تو در خونِ پُر جوشِ من است
حَرفِ تو آویزهء گوشِ من است

گرچه عُمری با جَفا سَر کرده ام
رَختِ رزم هَمواره بر تَن کرده ام

تَن به زور و دِل به ناکَس نَسپُرم...
حرفِ ناحّق ازکَس وکَس نشنوم

عمُر رفت امّا پدر آموختم
گرچه در این نامُرادی سوختم !

با بَدان بهرِ نبَرد آماده ام
دُختِ مَغرورِ تو اَم آزاده ام

...

پدرم
رفتی و رنگین کمان از خانه رفت!

مرثیه شهبانو فرح ...در سوگِ فرزندان

خدا حافظ کلامی تلخ و زشته
که قسمت روی پیشونیم نوشته

خداحافظ نگو

دوباره خَنجری کاری تر از پیش
به قلبم شد فزُون بر ضَربه ء پیش
شکستم
دوباره با خداحافظ ...
شکستم ، لِه شدم... از پا نِشَستَم

به یکدَم حاصلِ عُمرم فنا شد
به یکباره وجودم بی بَها شد !
خدا حافظ کلامی تَلخ و زِشته
که قِسمت رویِ پیشونیم نوشته

خداحافظ نگو ... که مادرم من
فدایِ هیکلت... پا تا سَرِ من

هزار افسوس که نَشنیدی صدامو
نصیحت ، اِلتماس و خواهشا مو

از عشقِ میهنت بی تاب بودی
چه شبها تا سَحَر بی خواب بودی

گلِایه در سکوتَت ... داد میزد
از اَندوهِ وطن... فریاد میزد

از این آوارگی بَس خسته بودی
دَرِ دنیا به رویَت بَسته بودی

شتابان رفتی و پیشم نموندی
منو به وادیِ جنون کشوندی!

نمیدونی چه سَخت و جانگدازه
که آدم هَست و نیستِش رو.بازه

عَزیزِ جانم... اکنون در چه حالی؟
به آرامش رسیدی؟ بی مَلالی؟

عزیزانت همه گِردِ تو جَمعند؟
همه پَروانه وار بَر گِردِ شَمعند؟

پِدَر بر تاج و تَختِ خود نشسته؟
دَرِ ظُلم و سِتَم را سِفت بَسته؟

برای خواهرت سَنگِ صَبوری؟

ز بیدادِ زَمانه دورِ... دوری؟

اگر خوبی... اگر خوشحالی اونجا

تَحمّل می کنم... دوریتو اینجا!

خدا حافظ نگو که مادرم من

فدای هیکلت پا تا سَرِ من

دوباره با خداحافظ... شکستم

شکستم، لِه شدم... از هم گُسستم

خداحافظ کلامی تلخ و زشته
که قسمت روی پیشونیم نوشته

فصل دوم

باورِ عشق

تقدیم به آنان که:

خونِ عشق در رگهایشان جاری است

به آنان که:

عاشقانه می‌بینند

عاشقانه می شنوند

بر بامِشان بارانِ عشق می بارد

از سَقفشان بارانِ عشق چِکّه می کند

بر لبهایشان گل واژگانِ عشق می نشینند

و

فَضا از رایحهٔ کلامشان...

عطر آگین می شود

اگر دژخیمِ وقت بر من نمی تاخت

و طومارِ مرا درهم نمی ساخت

اگر چرخِ زمان آهسته می شد

و یا... از چرخشِ خود خسته می شد

هنوزم یارِ خوبم در بَرَم بود

و عشقش عاشقانه باوَرَم بود

عاشقانه...

باورم...

بود

باورِ عشق

دیشب دوباره آمدی به خوابم
شکستی عَهدمو توی خیالم
عشق و صداقت و مُحبّت باز
آفتاب شد و دَمید به روزگارم
دَستای تو به دورِ پیکرم بود
حرفِ نگات ... تمامِ باورم بود
مُرغایِ عشق از تهِ دل می خوندن
اسمِ عزیزت ... حرفِ آخرم بود
سایهء تو نشسته بر سَرَم بود

گفتی بمن ... روح و رَوانِت منم
عاشقمی، نام و نِشانِت منم
دنیا با من برات خودِ بهشته
وقتی می‌بینی به کنارت منم

****

گفتم... صدات ، صدایِ قلبِ منه
نَشنیدنش لحظهء مرگِ منه
حضورِ تو ، تو لحظه هایِ عمرم
پایانِ رنج و ختمِ دَردِ منه

****

گفتی ... عزیزم ، با تو اَم همیشه
دل که جُدا از دِلبَرش نمی شه
بَهانهء هستیِ من ، تو هستی
عمرِ مَنی که بی تو ، سَر نمی شه

با تو تمامِ لحظه هام قَراره

بی تو دِلَم خزونِ بی بهاره

با تو مثلِ صَخره قَوی و سَختم

شاکِرم از لطفِ خدا و بَختم!

****

حرفایِ تو... شَهدِ یه کندو عَسَل...

عَطرِ گُلای صَحرا...

رایحه ء نَفَسهات...

نسیمِ صُبحِ دریا

دنیایِ مَن پُر از شور

وَجد و نشاط و سُرور

گویی رسیده بودم...

به اوج آرزوهام

دِلم دیگه تو سینه جا نمی شد

قامَتِ عشقم ... دیگه تا نمی شد

خواستم بِگم ترَکم نکن دوباره...

آما لَبام از هم جدا نمی شد!

****

دِژخیمِ وقت از خواب بیدارم کرد

سِماجَتِش... بخوبی هُشیارم کرد

حقیقتِ تلخِ نداشتنِ تو

از زندگی دوباره بیزارم کرد!

دیشب دوباره آمدی ... بخوابم!

ای دلِ من... ببخش منو
اگه تو رو شکستم

جدالِ عقل با اِحساس

ای دلِ من ببخش منو، اگه تو رو شکستم
تو رو شکستمو خودم
در سوگِ لحظه هایم
عمُری به غَم نِشَستم
واسه روزایِ رَفتَت، این همه زاری نکن
حالا که رفته اون روزا...
این جور خود آزاری نکن

این طور مکرّر... داد نزَن

بر سرِ این شکسته تَن

شیون و فریاد نزن

نگو چرا شِکوندمت

نگو چرا سوزوندمت

چرا به پایِ اَهرِمَن

عمری به خون... نشوندِمت!

در پَسِ لبخندی دروغ...

بُردم و پنهون کردِمت

خط کشیدم رو خواسته هات...

خراب و ویرون کردِمت!

****

لبخندِ من دلیلِ شورِ درونم نبود
تو چهره ام نشونی از اَندرونم نبود
با سیلی بود سرخیِ قشنگِ گونه هایم !
غریبی رو ندیدی در عمقِ دیده هایم؟
فریادمو نشنیدی؟ ! . . .
اوجش تا آسمون بود
بارونِ اشکهایم . . .
به زیرِ پات روون بود
صدایِ هِقّ و هِقّم
لالایی هر شَبم بود
حرارتم نه از شوق . . .
که از سوزِ تَبَم بود !

پس حالا بَس کُن دیگه
اِنقدر مَلامَتَم نکن
منکه خودم شکسته ام...
اینطور شَما طَتَم نکن

مِهر و مُحبتی بکن...
لطف و شَفِقَتی بکن
تِکه تِکه هامو بَردار و...
از نو مَرَمتّی بکن

هرچه که بَر سَرِت اومد...
خَبط و گناهِ من نبود
خطایِ عقلم بود و بَس...
از اشتباهِ من نبود!

تو لحظه هایِ سختِ بی قراری

با اون همه زَجر و فَغان و زاری

هر وقت که خواستم راهمو کَج کنم

عقل نذاشت !

گفت ... باهات لَج کنم

بشینم و خونه نشینت کنم...

خراب و بَد....

بَدتر از اینت کنم

اما حالا گذشته اون روزگار

تدبیرِ عقل دیگه نمیاد بکار

حَناش برام رنگی دیگه نداره

حال این من و تو... ای دِلِ بی قرار !

روزایِ رفتهٔ تو رو،

دوباره پَس میدم بِهت

قدری تحَمّل کن دِلَم،

بذار تا حَلّ شه مُشکلت

من با تو سازش می کنم

تو رو نوازش می کنم

میام کِنارِت می شینم

به اختیارت می شینم

عقلو کنارش می ذارَم

به انتظارش می ذارم

مثلِ روزای گُمشده...

چند تا عدد بِهِش می دَم

بر سَرِ کارش می ذارَم!

میام کنارت می شینم
به اختیارت می شینم
من با تو سازش می کنم
تو رو نوازش می کنم

هرچی بگی اون می کنم
بی چند و بی چون می کنم!
فَرمانتو گوش می کنم...
عَقلو فراموش می کنم!

میخوام رو بالِ آرزو
کنارِ تو جا بگیرم
مثلِ یه طفلِ تازه پا
رویِ زمین، پا بگیرم

می خوام به حُرمَتِ نَفَس
به لحظه ها نگاه کُنم
بگوشِ جان بِشنَوَمِت
مَنم تو رو صدا کُنم !

****

فُرصتِ آخرو می خوام
به اَمرِ تو شادی کُنم
رَها بشم از بَندِ عقل
احساسِ آزادی کُنم
احساسِ آزادی کُنم

ای دلِ من...
ببخش منو... اگه تو رو شکستم!

****

برو... آهویِ رَمَنده

بی تو محکوم به زَوالم
واسه عَهدی که شکستی
همه‌ء عُمر گِلِه دارم

عِشقِ من خدا نگهدار

رفتی و با رفتنِ تو...

دِلِ آسمون گرفته

همه جا اَبرِ سیاهه...

از لَبامون خَنده رفته

رفتی و با رَفتَنِت.... وای

منو به جنون کشوندی

تو که پُر بودی از احساس

چرا دِلها رو سوزوندی؟

رفتی و با رفتنِ تو ...

گُل رو از گُل خونه بُردن

باغچه ها یکسره خُشکید...

غنچه ها رو شاخه مُردَن

****

رفتی و با رفتت ... وای

نمی دونی که چه ها شد

سَقفِ خوشبختی فرو ریخت

تو یِ دلهامون عَزا شد!

****

رفتی و گذشتی از من

بَر نمی گردی به خونه

دو تا چشمام تا قیامت

منتظر به دَر می مونه!

برو... آهویِ رَمَنده

بی تو محکوم به زَوالم

واسه عَهدی که شکستی

همه‌ء عُمر گِلِه دارم

****

با تو بدرود ای مسافر

ای تو از عاطفه سَرشار

سیلِ اشک ... بدَرَقه‌ء تو

عشقِ مَن... خدانگهدار

****

عشق من.... خدانگهدار

در انتظارِ دیدنت...

از زندگی... جُدا شدم

در آرزویِ داشتنت ...

تو لحظه ها...فَنا شدم

فاصله

وقتی شب از راه می رسه
خودم رو تنَها می بینم
خَسته و فَرسوده... جُدا
از هَمه... دنیا می بینم
بُغض نِشسته تو گَلوم...
هِی میکوبه توی سَرَم
تَنَم یه هو گُر می گیره
آتیش بیشه دور و بَرَم

دوباره خاطِرَم میاد...

که رفته ای زِ پیش ِ من

غَمِت رَهام نمی کنه....

که مَذهبی و کیش ِ من

دوباره باوَرَم می شه...

که فاصلهَ ست میون ِ ما

فاصله رو بر می دارم

یا من میام ... یا تو بیا

قَدَم رو چشمِ من بِذار...

لحظه هامون قشنگ بشه

تا تیرگی ... کنار بره

دنیامون رنگ وارنگ بشه

در انتظارِ دیدنت

از زندگی... جُدا شدم

در آرزویِ داشتنت

تو لحظه ها...فَنا شدم

مثلِ گذشته ها بیا...

عشقو بمن نشون بده

به این وجود نیمه جون

بیا... دوباره جون بده

که زندگی بدونِ تو...

تِکرارِ بیهودگیه

حضورِ دلپذیر تو...

بَهانهء زندگیه

****

نگو پاییز قشنگ نیست...
نگو پاییز غم داره
توی روزا و شَبهاش...
غُصِه و ماتَم داره

پاییز

نگو پاییز قشنگ نیست...
نگو پاییز غم داره
توی روزا و شَبهاش...
غُصِه و ماتَم داره
نگو پاییز قشنگ نیست...
نگو شباش بُلنده
راهِ نشاط و عیشو...
رو به دِلَم می‌بنده

پاییز به این قشنگی...
خوشگلی رنگ وارَنگی
تو لحظه هایِ عُمرش ...
فقط شِکوه شنیده
بِجُز مَلامَت و نفی...
دیگه هیچی ندیده!
نگو پاییز قشنگ نیست
نگو پاییز غم داره
تویِ روزا و شبهاش...
غُصّه و ماتَم داره
پاییز... دِلِ من و توست
که عِشقشو کم داره!

اگه یه وقت... یه روزی

مثلِ من ... عاشق بشی

دِلت بشه زُلال و...

عاشقِ صادق بشی

با مهربونی بیای ...

کنارِ من بشینی

صافیِ عشقو توی ...

مردُمَکام ببینی

دستایِ مهربونت

پناهِ دَستام بشه

حَرفایِ عاشقانَت ...

نگاهِ بی بَهانَت

اَمنیت ِ جهانو ...

واسه دل ِ نازُکم

به اَرمغان بیاره

دیگه چِشام باگریه

توی ِ چشات وا نَشِه

بجای ِ بُغض تو گلوم

صدای ِ خنده باشه

با خوبیات نَذاری...

این دل ِ عاشق ِ من

بِشکنه...تنها بشه

لَبات فقط برای ِ...

گُل واژه های ِ قشنگ

بَسته بِشه... وا بِشه...

دِلت بِشه عاشقو...

بِه قدّ و قامَت ِ من

توی سینه ات ، جا بِشه

اون وقت خودت می‌بینی

پاییز چقدر قشنگه

برگای ِ زَرد و خُشکش...

خوشگل و رنگ وارنگه!

****

نگو پاییز قشنگ نیست

نگو... پاییز... غم... داره

پاییز...دلِ من و توست

که عشقشو....کم داره!

یادِ تو

هَر چند جُدایی از من و یادَم نمی کنی
من در حَریمِ عاطفه با یادِ تو خوشم
با هَر چه جُز تو و عشقِ عزیزِ توست
نا آشنا و غریبه و مَهجور و نا خوشم

****

من در سکوتِ تَلخ و غم آلودِ هَر شَبَم
با هَر نَفَس... نامِ تو فریاد می کُنم
در بَرزَخَم...ولی به یادِ تو، اِی رفته از نظر
باغی به وُسعتِ بهشت... بُنیاد می کنم !

اونی که پشت دَرِه

عَزیزِ جونِ منه...

چه جوری بَرات بگم

دین و ایمونِ منه!

رؤیا

برو باز کُن درو جونم...
آخه مِهمون اومده
اونی که پشت دَرِه
بعدِ عُمری بی وفایی
با دِل و جون اومده
کوله بارِش پُره از عشقو
پَشیمون اومده!

برو بازکن درو جونم...

اونی که پشت دَره

عَزیزِ جونِ منه...

چه جوری بَرات بگم

دین و ایمونِ منه!

نمی دونی که چقدر دوستش دارم

دِل و جونمو سَرِ راش می ذارم

واسهٔ دیدنِ این لَحظِهٔ ناب

هرچی گل تو دنیا بوده...

چیده ام

اَمّا هیچ گُلی به زیبایی اون...

ندیده ام!

مریم و اَقاقی رو ببین که غوغا می کنن !
یاس و نَرِگسو نگاه کن که چه بَلوا می کنن !
مثلِ من مُنتظرَن...
که یارم از راه بِرِسه
دست بِگَردنم بمونه...
تا که فردا بِرِسه

****

همه گلها رو می خوام
فَرشِ زیرِ پاش بکنم
بشینه جلویِ چِشام...
تا صبح ... تماشاش بکنم !

برو بازکن درو اون منتظره!

اون میخواد سَر بِذارِه رو سینه مو

با دو دستِ مهربونش

بنوازه شونمو

و با اَشکهایِ زُلالِش

پاک کنه

غُصّه هایِ دیرینهَ مو...

****

همه روزایِ قشنگ ِ عُمرَمو

واسه این لحظه گذاشتم... پُشتِ سَر

نمیخوام عزیزجونم بیش از این

منتظر برام بمونه... پُشتِ دَر

برو باز کن دَرو ... باز کن ...

واسه چی منتظری ؟

نکنه دیرت شده ... می خوای بری؟!

ببین آسمون گرفته

همه جا اَبرِ سیاهه

نکنه یه وقت بباره

همه جونم ...چِشم بِراهه

****

نکنه بارون بیاد ... خیس بشه

هرچه میخواست بِگه از عشق

با نَمِ بارون بِره... نیست بشه !

نکنه طوفان بیاد... خاک بشه
نقشم از لوحِ دِلِش...
پاک بشه!

****

برو بازکن درو جونم....
دیگه در مرزِ جنونم
واسه‌ء دیدنِ چشماش
عمریه بی خانه مونم

****

برو بازکن درو بازکن ...
دیگه طاقت ندارم
می دونی؟... یه حِسّی میگه
خیلی فُرصت ندارم!

بُرو باز کن دَرو... ای وای
نکنه خسته بشه..
نکنه دیر بشه و...
چشای ِمن... بَسته بِشه !

****

برو باز کن درو...
اون... منتظره

****

دِلِ من برای تو
شور میزنه
قلبِ من واست
چه بَد جور میزنه !

دِلشوره

نمی دونم تو کجایی این روزا
با کی هستی... در چه حالی این روزا
با همه وعده‌های ریز و دُرُشت
از منِ عاشق... جدایی این روزا!

***

دلِ من شور میزنه برایِ تو
لحظه هام پُر شده از هوایِ تو
اگه قابل نمیدونی عشقمو
جونِ ناقابلِ من... فَدایِ تو

تو میگی رفته بودی دُعا کنی
از غَم و غُصّه منو جُدا کنی
تو دعات موقعی مُستَجاب میشه
که عاشقانه... تو چِشام نِگا کنی

****

مَستِ عِشقتَم، شَرابِ من، تویی
عِلَّتِ حالِ خرابِ من، تویی
صورتِ صدتا سُوالِ بی جواب
هم سُوال و هم جوابِ من، تویی

دل من شور میزنه برایِ تو
چه جوری میگذره لحظه هایِ تو
اگه هیچکس ندونه دردِ منو
تو می دونی و منو خدای تو!

غنچه‌ء لَبات تا از هم وا بِشه

نازِ چشمات تا که جابه جا بِشه

تا که از عطرِ تَنِت جون بگیرم

جون میخواد از تو تنَم جدا بشه

نَذار از دِلواپسي فَنا بشم

بِرم و تو قِصه ها رَها بشم

دوست دارم از گرمیِ آغوشِ تو

گُر بگیرم، بِسوزم، فَدا بشم!

****

دِلِ من برای تو شور میزنه

قلبِ من واست چه بَد جور میزنه!

چِشاتو بَستی و... امّا

دو لَبِت از هم... جدا بود

اِنگاری چیزی می گفتی

گِلِه شاید از خدا بود!

گِلایه از خدا...

توی یک غُروبِ دِلگیر
روحِ تو از تَن جُدا شد
اَشکم از دیده چکید و...
بُغضِ در گلو صدا شد
از جُدا شدن که گفتی
دلِ من به لَرزه افتاد
همه جونم پُر غَم شد و...
چشام به گریه افتاد
تو چشات دَرد و می دیدم
تو نِگات ... هالِهء غَم بود
تو دلِ پُر از اُمیدِت...
شوقِ زندگی چه کم بود!

با نِگام بتو می گفتم...

قّصه ء تو با زَمونه...قّصه ء برّه و گُرگِه...

بی صدا بمن می گفتی...

غَم نَخور... خُدا بزرگِه

عاقبت خُدا صِدات کرد...

تو که غَرقِ گِلِه بودی

اِعتراض امّا نکردی....

بَسکه بی حوصله بودی

چِشاتو بَستی و... امّا

دو لَبِت از هم... جدا بود

اِنگاری چیزی می گفتی

گِلِه شاید از خدا بود!

وقتی از خونه می رفتی

آسمون گرفت و شب شد

دلِ من از غمِ دوریت...

گُر گرفت و پُر تِب شد

جِسمتو بَدرقه کردم...

تو رو به خُدا سِپردم

کوله بارِ خاطراتو......

با خودم به خونه بردم

ای رفیقِ بچه گی هام...

ای گذشتِ روزگارم

رفته ای اَمّا هنوزم ...ِ

هِجرِتو باور ندارم !

****

نقشِ تو حَک شده در جان

نامِ تو نشسته بر لب

مهرِ تو همیشه دَر دل

با تو اَم هَر روز و... هَر شب !

با توام... هَر روز و ... هَر شب !

خونَتو پُر میکنم...
از عطرِ گُلهای بَهاری
تا که شب با بویِ نرگس
چشاتو رو هم بذاری

حِسِّ نگاه

عشقِ من... خدا نکرده
نکنه حالِت خرابه
نکنه... یه آرزویی
تو دِلِت... نَقشِ بَر آبِه
عشق من خدا نکرده...
نبینم اشکِ... تو چشمات
نکنه... زبونِ من لال
بُغضی باشه... رویِ لبهات

عشقِ من... بگو ببینم
چی شده ساکت و سَردی؟
چرا یه گوشه نشستی؟
برایِ چی نمی خندی؟

آسمونِ خونَتو... من
با سِتاره می‌پوشونم
خورشیدو برَش می دارم
رویِ سقفِ تو می شونم

شباتو با نورِ مهتاب
مثلِ روزش می کنم من
اِبرای سَرد و سیاهو
از تو دورش می کنم من

خونَتو پُر می کنم...

از عطرِ گُلهای بَهاری

تا که شب با بویِ نرگس

چشاتو رو هم بذاری

نمیذارم واسه ء تو

کسی شعرِ غم بخونه

نمیذارم آرزویی

تو دِلت، یه وقت بمونه

نکنه شَک کرده باشی

به من و حِسِّ لطیفم

نزنی سَنگِ مَلامَت...

که مثلِ شیشه ظریفم

این همه حرف و حَدیثو

واسه تو... بجون خریدم

چشامو بَستم رو دنیا

غیرِ تو هیچکی... ندیدم!

نَگی از من دِل بریدیَ

نَگی خورشید بی فروغه

َنگی عشق فقط تو قصه َست

نَگی عاشقی... دروغه

عشقِ من عزیز تریـنم

حِسِّ من... تویِ نگامه

واژه هایِ عاشقانه

همه تو... حرف و صِدامه

دیگه نیست حرفِ قشنگی

که به تو نگفته باشم

فقط می‌مونه یه جُمله...

بذار اونم گفته باشم

****

که اگر ... با من نمونی

زندگی واسَم تمومه

جز یه تصویر وَسطِ قاب

چیزی از من... نمی‌مونه!

از همون لحظهٔ اول
که نگاهم بر تو افتاد
چیزی از تنَم فرو ریخت
کَنده شد پایِ تو افتاد...

دیوونه

اگه یک گوشه نشستم
چشامو، رو دنیا بستم
اگه با سنگِ مَلامَت
نَرَمیدَم... نَگُسستَم
اگه صَد بار توبِه کردم
اگه صَد توبِه شکستم
واسه اینه که هنوزم
پایِ عشقِ تو نشستم!

اگه از طعنه و دُشنام

خَم به اَبرو... نیاوردم

واسه اینه که دِلَم رو

تا اَبَد به تو سپردم...

از همون لحظهٔ اول

که نگاهم بر تو افتاد

از تنَم چیزی فرو ریخت

کَنده شد پایِ تو افتاد!...

توی آسمونِ قلبَم...

خوش نشستی چون ستاره

بارونِ عِشقِت... از اون دَم

رو سَرو جونم... می باره!

تو میگی .... که با تو بودن

تنها ... یه خواب و خیاله

به وصالِ تو رسیدن

یه خیالِ خام ... مَحاله

تو میگی ... راهی نداری

تو دِلم ... جایی نداری

نه فقط دیروز و امروز

بلکه فَردایی نداری!

من میگم: بالای اَبرا

پُشتِ خورشید و ستاره

کِشوریست بنامِ رؤیا

که پُر از باغ و بَهاره

من تو رو اونجا می بینم
وسَطِ یاس و اَقاقی
زیرِ سقفِ طاقِ مهتاب
کنارِ ساغرو ساقی
تا که از در برِ سَم من
می بینم به انتظاری
تا در آغوشت بگیرم
چشم به راهی ! بی قراری !
زیرِ رگبارِ نگاهت...
دِل میخواد از من جُدا شِه
تا که دیداری دوباره
از غمِ و غُصّه...رَها شِه !

****

بذار خوش باشم تو رویا

تو دیارِ آرزوها

بشینم کنارِ دستت

خیره تو چشمای مَستت

یک جهان شعرو، ترانه

غَزَلایِ عاشقانه

تویِ گوشِ تو بِخونَم

تا بدونی که ... دیوونم ! ....تا بدونی که دیوونم

اَگِه دیوونگی اینه...

اَگه عاشقی جُنونه...

آره ... من دیوونه هستم

عاشقو....دیوونهء تو

عمریه در آرزویِ

اومَدَن به خونهء تو !

اون روزا گذشت که عشق کُنجِ دِلِت خونه می کرد
مثل گنجشک توی قَلبِت میومد لونه می کرد

دلِ عاشق

این روزا یک دلِ عاشق ... هیچ جا پیدا نمی شه
اَگَرم پیدا بشه ... دَری به روش وا نمی شه

این روزا دوز و کَلَک جایِ حقیقت می شینه
عقلِ آدما به چشمِ ... خوبی رو نمی بینه

گوشِ آدما می خواد... حرفِ دروغو بشنوه
دروغای خوشگل از ذهنِ شلوغو بشنوه !

این روزا رنگ ِریا... رنگ ِقشنگ ِ... مُد شده
رنگ ِبی رنگی کلام و واژه ای بی خود شده

تو دِلا صدتا اطاقه... هر کدوم مال ِ یکی
هر کدوم خالی بِشه... زود پُر میشه با اون یکی!

اون روزا گذشت که عشق کُنج ِ دِلت خونه می کرد
مثل گنجشک توی قلبِت میومد لونه می کرد

مَستِ چشمایِ نَجیبش تو رو دیوونه می کرد
موهایِ قَشنگشو دستایِ باد شونه می کرد

اون روزا گذشته ... رفته ... دیگه تکرار نمی شه
عشق و عاشقی تو خوابه ... دیگه.بیدار نمی شه

دِلَکم غُصّه نخور مثلِ تو پیدا نمی شه
تویِ آسمون یه ماهِ ،... دو تا توش جا نمی شه !

****

دستِ بی نمک

هَر چه کردم مِهرِ من در دلِ تو اثر نکرد !
اون دو تا چشمایِ نازِت که براش جون می دادم
حتّی یکبارم شده ، به عشقِ من. نَظر نکرد ! ....
جُز تو هیچکس ...
به زُلالِ دِلِ پاکم شَکّ نداشت
جنسِ من ، از جنسِ آینه ...
دَغَل و کَلَک نداشت
امّا تقصیرِ تو نیست ، تو هیچ گناهی نداری
تقصیرِ این دو تا دستایِ منه
که ذَرّه ای نَمَک نداشت !

در آرزویِ تو

در آرزویِ وصلِ تو جانم به لب رسید
آفتابِ مُراد نَدَمید و شب رسید
بهارِ عُمر به زَردی نشست و بیرون شد
خَزان را بگو که به مَعنا بی سبب رسید!

چی می شد...
عشق می اومد خدایِ آدما می شد...
بَنده‌ء اون می شدیم، رقیبِ با خدا می شد!

چی می شد؟

چی می شد...
بَدی میرفت جاش مهربونی می نشست
لشگرِ خوشی میزَد پا هایِ غم رو می شکست

چی می شد...

که دیو... فقط تو کتابایِ قِصّه بود!
هرچی که دَر تویِ دنیاست، رویِ دیوا بسته بود!

چی می شد...

فرشته ها تو آسمون پَر می زدن

به دِلای غمزده می رفتن و سَر می زدن

سازِ خوشبختیِ ما آدما رو...با حوصله

تا به بالا برسه ، تا سیمِ آخر می زدن

چی می شد...

توی گویر ، بارونِ رَحمَت می بارید

بجایِ خارتوبیابون ...گلِ نرگس می رویید

چی می شد...

تو باغچه ها جایِ گلِ اَقاقیا

گُلِ عشق کاشته می شد ، بوش می‌پیچید تویِ هوا

چی می شد...

عشق می اومد خدایِ آدما می شد

بَنده‌ء اون می شدیم ، رقیبِ با خدا می شد !

چی می شد...

که هیچ دِلی تنها و بیمار نمی شد

عاشقی یه کاری بود، هیچکسی بیکار نمی شد

نَقشِ عاشق موندنی بود، نَقشِ دیوار نمی شد
دَلِشو هیچکی نمی شکست، اینجوری خوار نمی شد

چی می شد...
دَرد و بلا تو جونِ آدما نبود
دَردِ عشق فقط می موند، اینکه دیگه بَلا نبود

چی می شد...
بجایِ آفتاب از اُفُق سر می زدی
با سَرِ انگشتایِ نازِت، حلقه بر دَر می زدی

چی می شد...

برقِ نِگات سفید میکرد آسمونو

شب ِتیره روز می شد بِهَم می ریخت کهکشونو

چی می شد...

دستایِ تو، عشقمو نقاشی می کرد

شبنمِ رو گونه هات ، روحَمو آب پاشی می کرد !

چی می شد...

عشقتو داشتم ، تو کنار ِمن بودی

تو زمستون تازه بودم ، تو بهارِ من بودی !

چی می شد؟

ترانه

دستِ تو رو شد

دیگه دستِ تو رو شد
همه حَرفات دروغ بود
تو که تنها نبودی...
دور و بَرِت شلوغ بود
چه ساده دل بودم من
که باور کرده بودم
دروغای قشنگِ تو رو
از بَر کرده بودم

تو می گفتی از اَوّل...

اِسمِت تو فالِ من بود

دِلِت هزار تا جا داشت

یکی شَم مالِ من بود

حالا دستِ تو رو شد

برو... واسه همیشه

اگه عاشقی اینه

میخوام صد سال نباشه...

***

وقتی بارون می‌گیره
یادِ تو جون می‌گیره!

بارون

وقتی که بارون میاد

یادِ تو یادم میاد!

اِنگار که اینجا هستی

جلویِ چشام نشستی!

نگاهِ پُر شورِ تو...

تویِ چشام می شینه

دستایِ مهربونت

سُرخیِ رَنگِ عشقو

رو گونه هام می شونه

لطافتِ واژه هات...

چون گرمیِ میِ ناب...

تویِ وجودم میاد

وقتی که بارون میاد

****

وقتی که بارون میاد

یادِ تو یادم میاد!

از شوقِ دیدارِ تو،

از ذوقِ تکرارِ تو

دِلَم چراغون می شه

ستاره بارون می شه

به هر تارِ دلِ من

تو قلبِ بی تابِ من

شور و نوایی میاد

لطف و صفایی میاد

یادم میاد زمستون

تو شُرُ و شُرِ بارون

تو گرمایِ تابستون

با سختیِ فراوون

با یک سَبَد ترانه

شِعرایِ عاشِقانه

با قَلبی از مُحبَت...

پُر از صَفا و رَأفت

می اومدی به خونَم...

آره... عَزیزِ جونم

آره... عَزیزِ جونم

وقتی بارون می گیره

یادِ تو جون می گیره!

راستی... می شه دوباره...

این روزگار بِذاره

وقتی بارون می باره...

بجایِ خاطراتت...

خودتو برام بیاره؟

از شوقِ دیدارِ تو...

از ذوقِ تکرارِ تو

زیر و رو شه وجودم؟

بلَرزِه تار و پودم؟!

وقتی که بارون میاد!
یادِ تو یادم میاد

اِنتقام

حکایتِ عاشقیمو می خوام بَرات کتاب کنم
اِنقدر از عشق برات بِگَم تا که دِلت رو، آب کنم

عُمری که با عَذابِ تو، سَر شد و پُر شد از مَلال
جلویِ چشمات بیارم، زنِدگیتو خَراب کنم

می خوام با نیرَنگ و ریا، اَسیرو عاشقت کنم
فضایِ خونه رو برات ، پُر از عَطرِ گلُاب کنم

اونجور که راه و رَسمِشه، عشقو نِثارت بکنم
این دِلِ سَنگ و سَختتو، عاشق و بی تاب کنم

وقتی که عاشقم شدی ، تنَهایِ تنهات بذارم
سرخوش و مَست از اِنتقام، جامو پُر از شَراب کنم !

****

چو دَستانت زِ دَستانم جِدا شد
تو گویی جان ز بَندِ تَن رَها شد

تو رَفتی

دوباره وَقت و هنگام ِسَفَر شد...
فَغان و اِلتماسم بی اَثَر شد

دلِ تو در پِیِ مَعبود و معشوق
دلِ من در پِیِ تو ، دَر بِه دَر شد

نگه کردم به چشمانت به گرمی
فشُردَم شانه هایت را به نَرمی

نگاهت سویِ من ، دِل جایِ دیگر
پیِ رسوایی و رسوایِ دیگر

تو را چون جانِ خوش در بَر گرفتم
حَدیثِ عاشقی از سَر گرفتم

چو دَستانت زِ دَستانم جِدا شد
تو گویی جان ز بَندِ تَن رَها شد

دوباره آتشی دَر دِل به پا شُد
تَلاشِ عُمرِ رَفته ، بی بَها شُد

غرورم مانعِ فریادِ من بود
چو رفتی، بُغضِ در سینه صدا شد

دریغا... دَر پیِ بیگانه بودی !

گریزان از من و این خانه بودی !

تو رفتی گُم شدم در ظُلمتِ شب

سراسر پیکَرَم میسوخت در تَب

بلور اَشکهایم با سَخاوت

رَوان شد از دو چَشمانَم به غایَت !

میانِ بُغض و اشک و رَنج و هِرمان

گذشتی از من و رفتی چه آسان !

***

در سوگِ دوست

رَفتنت فاجِعه بود، قلب و دلِ ما بِشکست
از چه اینسان به شِتاب تَرکِ رفیقان کردی !؟

مِهرِ تو با دلِ ما دیر زَمانیست عَجین
این نبود رسم ِ وفا آنچه تو با ما کردی !

زانکه در سوگِ عزیزی بِنِشَستی گریان
برگ و بارِ سَفَرت جُمله مُهیّا کردی

هجرتت گرچه گرانست ولی خوش سفرت
طاقتت طاق شد از بَس که مُدارا کردی

بر هنرهایِ تو افزون که به وقتِ رفتن
این چنین مجلسِ غَم یک تَنه بَر پا کردی

مِهرِ تو در دِلِ یاران تا اَبَد جاویدان
یک جَهان خاطرِ خوش، در دلِ ما جا کردی!

***

اگر من صَد خطا کردم... دَر افتادم به دامِ تو
تو دامَت را رَهانیدی...
هزاران اشتباه کردی!

****

جانِ خسته

تو رفتی و مرا با دَرد و رَنج و غَم
رها کردی
نمیدانی بر این خسته دلِ عاشق
چه ها کردی

مرا در دامن ظُلمت بدور از نورِ الطافت
ز پا انداختی کُشتی به صد غم
بتُلا کردی

رَوانم خسته و جانم به لَب اَندر هوایِ تو
هوایِ دیگری در سَر، عجَب
شور و نَوا کردی

نهان کردم ز یارانم گذشتِ روزگارانم
به صد اَفسون میانِ جمع
شرحِ ماجرا کردی

به رسمِ آبروداری ... اگر سیلی زدم بر رُخ
درونم را بُرون راندی و رازم
بَر مَلا کردی

گهی آتش زدی بر جان و دیدی... اِلتهابم را
پشیمان لحظه ای گشتی و ...
آهنگِ وَفا کردی !

گذشت این روزگار و بگذرد باقی چه خوب و بد
خِجِل روزی ز خود پُرسی
چنین بَلوا چرا کردی !

به هُشیاری کنم حُکم و وَفایت را نمی خواهم
که جان ِخستهء ما را ...
گرفتار ِ بَلا کردی !

اگر من صَد خطا کردم ... دَر افتادم به دام ِ تو
تو دامَت را رَهانیدی ...
هزاران اشتباه کردی !

****

تو به سنگِ نا رفیقی
زدی آینه رو شکستی
تو رو صَد تِکه می بینم
خودتو زَدی شکستی !

رقیب

تو رفیق من بودی
از چه رقیب من شدی؟
فکر میکردم یه فرشته ای
نصیبِ من شدی

****

به صداقتِ تو مؤمن
به تو اعتماد کردم
همه حرفایِ دلم رو
واسه تو کتاب کردم

همه اَسرارِ دلم رو
با تو در میون گذاشتم
روی ِ هر پَند و پیامِت
یه دونه نشون گذاشتم
به تو گفتم از گذشته
از همه بودو نبودم
از غم ِ این عشق ِ دیرین
که تَنیده در وجودم
ولی افسوس، تو نبودی
اونیکه تو باورم بود

اونیکه در غم و شادی
همنشین و... یاوَرَم بود
تو رو دیدم با همونی
که برام یه آرزو بود
من می دیدم که نگاهت
با نگاهش روبرو بود!

من به تو چیزی نگفتم
با خدا گفتگو کردم
با دِلی از غم شکسته
واسه تو آرزو کردم

آرزو کردم مثلِ من

تو بشی اسیرِ دامِش

رو لَبات نره کلامی

جز حدیثِ اونو و نامش

برو... اِی رفیقِ دیروز

فکر نکن که ساده بودم

معتقِد به حُرمَتِ دوست

صادق و آزاده بودم

تو به سنگِ نارفیقی
زدی آینه رو شکستی
تو رو صَد تِکه می‌بینم
خودتو زَدی شکستی!

خودتو
زدی   شکستی!

****

طَلَب کردی مَرا

صِدایت را بگوشِ جان شنیدم
زِخوابِ غفلت و سُستی پَریدم
طَلَب کردی مرا، ای جانِ جانان
سراسیمه... بسویت پَر کشیدم

***

بیادِ تو

امشب به یادِ چشمِ تو بیدار مانده ام
قفلِ غَمَت به تَنَم گرفتار مانده ام
این وَه عجب که با این همه عَذاب
شاکی از آن شَبَم که در خواب مانده ام !

***

بیداد کرده ای

اِمشب به ساحِره بیداد کرده ای
با غمزه و کِرشمه دلم شاد کرده ای
در بَندِ این جهان بودم و در بیمِ آن جهان
از هر دو جهانم آزاد کرده ای !

***

آرزویِ وصلِ تو

در آرزویِ وَصلِ تو جانم به لَب رسید
آفتابِ مُراد ندمید و شب رسید
بهارِ عمُر به زَردی نشست و بیرون شد
خَزان را بگو که به مَعنا، بی سَبَب رسید!

***

اِنتظار

عُمری به دنبالِ یار،
گذشت در انتظار
رویِ حبیبی ندید،
دیده‌ء شب زنده دار

****

این دِلِ سودا زده،
مُحکم و بَس اُستوار
در پیِ هَرکَس نشد،
جُز به تمَنّایِ یار

ای دلِ من تا به کِی،

در پِیِ دلدارِ خود

بر سَر و بر دَر زَنی،

عاشق و بی اختیار

در گُذر از عاشقی....

حَذَر کُن از جُستجو

زانکه نشد گوهَرت....

در صَدفِ روزگار

****

عمری به دنبالِ یار

گذشت در انتظار!

بار الها... حَرفِ دِل گفتم که تو آزاده ای
مهربانی، عادلی، بَخشنده ای، اُفتاده ای
گَر نبودی بر نَتابیدی چنین دَردِ دلم
می فزودی دَم به دَم صَد مشکلی بر مشکلم!

حرفِ دل

بار الها... روزايِ رفته ء عُمرِمو اَزَت طَلَب دارم
تو که با این قسمتت بلا آوردی بِه سَرم

قِسمتِ ما بَر کدام اَصل و کُدامین پایه بود
که یکی نشستہ بَر تَخت و یکی آواره بود

تو که هم عادل و هم قادر و هم مهربونی
پس چرا نشنیدی حَرفِ منو با هیچ زَبونی؟

گاهی وقتی اِلتماست کردم و ضَجّه زدم
قَسَمِت دادم و گفتم... اِی تو تنَها یاوَرَم

وقت ِ دیگه مُنقلب گشتم و فریاد زدم
با تَغیّر گِله کردم و سَرِت داد زدم

گفتم ... اَر مخلوقِ تو پرورده‌ء دَستایِ توست
پس چرا یکی عزیز و دیگری رُسوایِ توست؟

****

این همه سُرخ و سفید و آن همه زَرد و سیاه
این همه صِحَت بجان و آن همه دَرد و بَلا

آفریدی زِشت و زیبا در کنارِ یکدِگر
فارغ از اَندیشهء رنج و مَلالِ یکدِگر

آنکه زیبا آفریدی داده ای بَس سیم و زَر
آنکه محروم از بَر و رو ، فکرِ سَقفی رویِ سَر

فرَّ و جاهِ بی حِسابَت از برایِ عِدّه ای
آنکه بَختِ نیک دادی فارغ از هَر عُقده ای

****

نورِ چشمانت همه در سایهء مِهرِ تو اَمن !
دیگرانت بی پناه با صَد بَلا در حالِ جَنگ !

من ندارم پاسُخی بر این همه ضدّ و نَقیض !
گر تو داری پاسُخَت را بر سَر و جانم بریز

با جوابی ذِهنِ تاریکِ مرا چون روز کن
وَرنه درگاهِ خود آماجِ سؤال ، هر روز کن

بار الها... حَرفِ دِل گفتم که تو آزاده ای
مهربانی ، عادلی ، بَخشنده ای ، اُفتاده ای

گَر نبودی برنَتابیدی چنین دَردِ دلم
می فزودی دَم به دَم صَد مشکلی بر مشکلم !

****

دورم زِ تو

وقتی صداتو می شنَوَم
دُنیام چقدر قشنگ می شه
تمامِ ذرّاتِ هوا
خوشگل و رنگ وارنگ می شه !

وقتی صداتو می شنَوم

فکر میکنم پیشِ منی

یه جوری حِسّت می کنم

انگار که نزدیکِ منی

دو دستمو باز می کنم

به قَدّ و اندازۀ تو

دستام بهم نمی رسه

دوری زِ من... دورم زِ تو!

****

تو رو می بینم تو اَبرا
اون بالا پیشِ ستاره
همه ذرّاتِ وجودم
واسه تو چشم انتظارِه

دریایِ نور

اِی همه طَراوَتِ عشق
اِی طلوعِ صبحِ امید
می درخشی مثلِ خورشید
کِی میشه به تو رسید؟
تو حضورِ آبیِ عشق
تو تمامِ لحظه هامی
تو چه باشی، چه نباشی
اِنگاری هَمَش با هامی

تو گُلِ یاسِ سپیدی
عطرِ نرگس و اَقاقی
توی تاریکیِ شبهام
تو مثلِ یه چلچراغی

تو تَجَسّمِ شکوفه...

در دلِ صبحِ بهاری

من همه شوق و نیازَم

نکنه تنهام بِذاری...

تو گُلِ یاسِ سپیدی

عطرِ نرگس و اَقاقی

توی تاریکیِ شبهام

تو مثلِ یه چلچراغی

تو رو می بینم تو اَبرا

اون بالا... پیشِ ستاره

همه ذرّاتِ وجودم

واسه تو چشم انتظاره

مَستَم از جامِ خیالت

سرخوش از این بی قراری

دلِ من به زیرِ پاته

روی قلبم... پا نذاری

با صِدایِ خنده ها و
بوسه هایِ رنگ وارنگِت
می شکنی سکوت شب رو
با اون لبهایِ قَشنگِت

هر گُلی که بویِ عطرش
مَستیِ شاپره باشه...
بخودم میگم که شاید
عطرِ موهایِ تو باشه !

من به پایِ تو می شینم
عشقِ من دریایِ نوره
تو نباشی... زندگی نیست
بی تو دنیام سوت و کوره

من در آغوشِ تو اِنگار نشستم به بِهشت
لطفِ حَق بود که پروازِ مرا با تو نِوشت

آخرِ قصّه

دَر دَمِ حادثه چشمانِ تو در یادم بود
عشقِ تو هَمدم و هَمزادم و همَراهم بود

در میانِ ماندن و رفتن تو را می دیدم
و به این هَمه در سوگِ خود می خندیدم

از چه این جمع چنین بَر سرِ خود می کوبند؟ ! !
وَز منِ رفته ء خاموش سُخن می گویند؟ !

آنچه که در همه عمُر، بارِ روانِ من شد
در همین لحظه ء موعود، نثارِ من شد !

تو کنارِ مَن و مَن، از همه غمها آزاد
غم عِشقت چو نباشد همه غمها بَر باد

من در آغوشِ تو اِنگار نشستم به بِهشت
لطفِ حَقّ بود که پروازِ مرا با تو نِوشت

منکه شادم تو هم از شادیِ من شادان باش
آخر قصه رسید! نقطه ای بر پایان باش

****

فصل سوم

یادگارانم

تقدیم به :
ستارگانِ آسمانِ زندگیم
به آنان که
زیباترین لحظاتِ را برایم به اَرمغان آوردند
و به امید معنا بخشیدند
به آنان که
با عشقشان نفس کشیدم و با عشق برایشان سرودم

به
نور چشمانم

چنان لبریز از عشقت شد وجودم
که عُمری درپیِ شُکر و سُجودم

دخترم
پَرستو

«پَرستو» دُخترِ خوب و قشنگم"
عَزیزِ خوشگل و خوش آب و رنگم

تو خوشگل های عالَم که سَری تو
از هرچی خوبِ خوبِه....بهتری تو

دِلَم را با وُرودَت شاد کردی
ز بَندِ انتظار آزاد کردی

وَفا و مِهر و شادی اَرمغانت
شِکَر میریزد از حَرف و زَبانت

چنان لبریز از عشقت شد وجودم
که عُمری در پِیِ شُکر و سُجودم

چه خوشبختم که دارم چون تو دُختر
کَزو بهتر نزاییده است مادر

گلِ من، روزِ میلادت مُبارک
همه اِمروز و فردایت مبارک

همیشه سالم و پاینده باشی
زِ شادی و طَرَب... آکنده باشی

گُلَم را «پانته آ» خواندم از آن دَم
که چون او سخت باشد، بیش و نِی گم

دخترم
پانته آ

چه حالی و چه شوری دارم امروز
چه حسِّ پُر غرُوری دارم امروز

عزیزم عاقبت از دَر، دَر آمد
و فَصلِ انتظارِ من، سَر آمد!

نگاهش کردم و برخود فِشُردم
به جُز شُکر، واژه ای برلب نبردم

به زیبایي خدایا آیتی بود!
به شیرینی عجب رَوایتی بود!

دو تا چشماش عَقیقِ ناب وکَمیاب!
کمانِ اَبروانش... طاقِ مهتاب!

مژه ....بَر دیدگانش سایه بان بود!
لبانش... رنگِ جامِ اَرغوان بود!

وجودم از نگاهش زیر و رو شد
از آن لحظه دِلم دَر بَندِ او شد!

به دنبالِ یه نامِ تازه بودم
یه نامِ ناب و پُر آوازه بودم

که در ذِهنم نشست، آنرا گُزیدم
که هیچ جا مثلِ اون اِسمو ندیدم!

گُلَم را «پانته آ» خواندم از آن دَم
که چون او سخت باشد، بیش و نِی کم

به شُکرانه همانی شد که باید
شباهَت بیش از این هرگز نَشاید

ظریف و چابُک و هَم... پُرتوان شد
به زیبایی و هوشیاری... نشان شد!

اُمیدم، یارِ من، هم یاوَرم شد
به دانایی و رِندی ...باوَرم شد

عزیزم، روزِ میلادت مبارک
همه امروز و فردایت... مبارک

همیشه سالم و پاینده باشی
زشادی و طَرَب آکنده باشی

از تار و پودِ این تنَم

تاجی برات ساخته بودم

با زیورِ عشق و اُمید

ساخته و پرداخته بودم

پسرم
خَشایار

از پسِ صد تا حادثه،
تو زندگیم پیدا شدی
عزیزِ جونم شدی و
سَر سَبدِ گُلها شدی!
نمیدونم کجا بودی
از چه سَبَب دیر آمدی
من که مُهیّات بودم
وَه که چه مغرور آمدی!

از تار و پودِ این تنَم

تاجی برات ساخته بودم

با زیورِ عشق و اُمید

ساخته و پرداخته بودم

گذاشته بودم یه کنار

یه جایِ اَمن، کُنجِ دلم

تا که قدَم رَنجه کنی

یه روز بیای به منزلم

گفتم.... بیا

دار و نَدارمو بِنامت می کنم

حَریرِ نازکِ دلو،

فرشِ زیرِ پات می کنم

تا شب با تیرگیش
نیازاره چشایِ نازِتو
هر چی سِتارَه س تو هوا
سَقفِ اُطاقت می کنم !
شُکرِ خدا که آمدی
رونقِ بازار شدی
عشقِ هزار تا عاشقو
مُفتی خریدار شدی
مُسَبب شادیِ من، شادیِ ما
جُمله چه بسیار شدی
تاجو گذاشتی رو سَرِت
برام «خشایار» شدی !

تنَم از شوقِ دیدارش در آتش

«**شهاب**» آتش نشان آمد... خوش آمد

اولین نوه ام

شَهاب

بهاران شادِمان آمد... خوش آمد

جوانی بر جهان آمد ... خوش آمد

شبِ تیره به لطفش نور باران

« **شهاب** » از آسمان آمد... خوش آمد

زَمانه تیره و خاکستری بود

چونان رنگین کمان آمد... خوش آمد

به سَر شد انتظارِ دیدنِ او

خَرامان، مهربان آمد... خوش آمد

وجودم پُر زِ شوقِ زندگانی

چو او اَندر جهان آمد... خوش آمد

نَوایش خوشتر از آوایِ بلبل

عجب خوش سَرزَبان آمد!... خوش آمد

دِلَم را برده آن عَطرِ وجودش

توگویی دِل سِتان آمد... خوش آمد

تَنَم از شوقِ دیدارش در آتش
« شهاب » آتش نشان آمد... خوش آمد

مبارک مَقدم و خوش... روزگارش
که شاد و شادمان آمد... خوش آمد

در این نوروزِ پیروز و خجسته
بِسانِ هدیه ای از آسمان آمد... خوش آمد

« پری سیما » سَرایَت نور باران
که دولَت، جاودان آمد... خوش آمد!

***

نوه های دوقلوی من

به رویِ ماهِ آن دو ، نو رسیده
گلابِ تازهء اَز گُل چکیده
درِ دِل ، عاشقانه باز کردم
دوباره عاشقی آغاز کردم !

شایا و شِیدا

دوباره... در دِلَم شوری بِپا شد
ز عُمقِ سینه ام، نوری رًها شد

دوباره...ماه و خورشید و سِتاره
مرا خواندند با عِلم و اِشاره

که بَرخیز و سَرایت را بیارای
پَر و بالَت به خوشحالی تو بُگشای

دو مهمانِ عزیز از رَه رسیده

دو یارِ نازنین، چون نورِ دیده

دو بالَم را بِسوشان باز کردم

به صَد شوق و شَعَف پرواز کردم

شِمُرِدَم لحظه ها را تا بِسَر شد

تمامِ انتظارم... سَر به سَر شد

و «شایا» آمد و «شِیدا» به همراه

وَ بارِ دیگر این دِل شد، به آن راه!

به رویِ ماهِ آن دو، نو رسیده

گلابِ تازه‌ء از گُل چکیده

درِ دِل، عاشقانه باز کردم

دوباره عاشقی آغاز کردم!

به یکدَم آشیانم غَرقِ گُل شد

زِ عَطر و بویشان، مَریم خِجِل شد

سه یارم را به شوق دَر بَر گرفتم

زِ عشقِ آن سه، عمُر از سَر گرفتم

« پری سیما » دگر باره جوان شد

سَرایش ، مَهدِ عشقِ جاودان شد !

میونِ دلخوشی هایم یه غَم بود
که اِنگار جایِ تو دُردانه کم بود
به غَم گفتم....برو، دُردانه آمد
دوایِ دردِ این دیوانه ...آمد!

نوه ام

جولین

دوباره شور و شوقی عاشقانه

همه جانم پُر از شِعر و تَرانه

دَرونم حِسِّ گُنگی در تَکاپو

زبان ساکت ولی دِل در هیاهو

گَهی آرام و گَه غرقِ تَمنّا
گَهی شاد و گَهی بی فکرِ فردا

گَهی مجنون، گَهی عاقل، گَه عاشق
گَهی غمگین، گَهی آزاد و فارغ!

برای علّتِ این بی قراری
و این سَر دَر گُمی، این بی مَداری

مَدَد جُستم زِ خورشید و ستاره
که شاید پاسُخی بر من بیاره

که زُهره چشمکی زد، چَرخِشی کرد!
و خورشید از پَسِ کوه، خَنده ای کرد!

هُجومِ قاصدک ها فوج در فوج
چو اَمواجِ خروشان ، موج در موج !

همه گویی که بر من مُژده می داد
وَ وصلِ دلبری را وَعده می داد !

که ناگه آمدی جانا کنارم
در آغوشم شدی ، باغِ بهارم !

از آن لحظه که چَشمم بر تو افتاد
نَفَس در سینه ام از شوق اِستاد

از آن دَم که تو را دَر بَرگرفتم
دوباره زندگی از سَر گرفتم

میونِ دلخوشی هایم یه غَم بود
که اِنگار جایِ تو دُردانه کم بود

به غَم گفتم... برو، دُردانه آمد
دوایِ دردِ این دیوانه آمد!

«پری سیما» گُلستان روزگارش
چو «جولین» شد به شُکرانه... کِنارش

پس از آن انتظارِ سخت و سنگین
در آغوشم شدی چون جانِ شیرین

نوه ام

آرمان

عَزیزم، عشقِ من «آرمانِ» نازَم
جوابِ خواهش و راز و نیازم

در آن اَیاّمِ زیبایِ بهاری
خَرامان آمدی چون شهسواری

همه سَرتا به پا در شوقِ دیدار
شِمردم لحظه ها را بَهرِ دیدار

نَمایان گشت چون سَروِ وجودت

دِلَم را بُرد آن عَطرِ وجودت

شُدم محوِ تماشایِ نگاهَت

چُنان خیره شدم بَر رویِ ماهت

نِگاهت با نِگاهَم آشنا بود !

غریبه ، نه... گویی یارِ ما بود

که اِنگار پیش از اینَت ... دیده بودم !

وَ سَر تا پایِ تو ...بوسیده بودم

پس از آن انتظارِ سخت و سنگین

در آغوشم شدی چون جانِ شیرین

خدا را سَجده کردم بارِ دیگر
چو آمد در کنارم یارِ دیگر

زِ شادی نغمه ها از سَر گرفتم
و جانان یِک به یِک در بَر گرفتم

«پری سیما» گل افشان، نغمه خوان شد
نوَایش راهیِ هفت آسمان شد...

****

شعر... فریادِ ضمیرِ انسان هاست

شعر... سَفریست بی پروا به دوردست هایِ

سرزمینِ رؤیا ها و آرزوها

شعر... حسی ست دلپذیرِ ، از رسیدن به آنچه که
سخاوتمندانه در خیال ساخته و پرداخته ای

فهرست:

فصل اول - سرزمینم

ایران خانوم	10
قصهٔ وطن	22
خلیج فارس	34
جلّاد	38
روزهای طلایی	42
پدرم	52
خداحافظ نگو	62

فصل دوم - باورِ عشق

باورِ عشق	70
جدالِ عقل با احساس	76
عشق من خدانگهدار	86
فاصله	90
پاییز	94
یادِ تو	100
رؤیا	102
دلشوره	110
گِله از خدا	114
حسّ نگاه	118

دیوونه	124
دلِ عاشق	130
دستِ بی نمک	133
در آرزویِ تو	134
چی میشد	136
دستِ تو رو شد	141
وقتی که بارون میاد	144
انتقام	149
تو رفتی	152
در سوگِ دوست	155
جانِ خسته	158
رقیب	162

طلب کردی مرا	167
بیادِ تو	168
بیداد کرده ای	169
آرزوی وصل	170
انتظار	171
حرفِ دل	174
دورِم زِ تو	179
دریای نور	182
آخرِ قصّه	186

فصل سوم - یادگارانم

دخترم پرستو	192
دخترم پانته آ	196
پسرم خشایار	202
نوه ام شهاب	206
نوه های دوقلو- شایا و شیدا	210
نوه ام جولین	214
نوه ام آرمان	220